**voor**

....

van

....

Eerste druk 2015

Naar de oorspronkelijke verhalen van Guusje Nederhorst

Tekst, omslag en illustraties: The Dreamchaser Studios BV
Vormgeving: Caren Limpens

Met deze aankoop steunt u het Guusje Nederhorst Fonds
ISBN 978 90 258 6880 2 / NUR 273
www.woezelenpip.nl I www.leopold.nl

Woezel & Pip
Sneeuwpret

Guusje Nederhorst

Het is winter in de Tovertuin. Het is koud en alles knispert. Met elk stapje klinkt een zacht gekraak van bevroren blaadjes en takjes. Woezel en Pip lopen naar het klasje van de Wijze Varen.

Krak, krak... 'Het lijkt alsof we op ijs lopen,' grinnikt Pip. 'Nou, wel heel dun ijs dan. Kijk uit, Pip!' Woezel springt snel van het pad. 'Zak niet door de grond!' Pip moet lachen om haar grappige vriendje.

Woezel springt terug op het pad. Ik vind het maar nik...
zo. Het is koud, we moeten onze muts op en sjaal om,
maar er ligt nergens sneeuw! Dat is toch niet winter?
In de winter ligt overal sneeuw en is alles wit...'

'Eh ja,' knikt Pip twijfelend. 'Misschien is het bíjna
winter.' Ze kijkt omhoog naar de stralend blauwe
lucht. 'Ik zie ook helemaal geen sneeuwwolken. Laten
we de Wijze Varen vragen wanneer het winter wordt.'

De Wijze Varen kijkt de klas rond. 'Jongens, het is echt winter, hoor! Mét of zonder sneeuw. Maar ik heb een goed idee.' De Wijze Varen ademt diep in... En blaast met bolle wangen uit!

Whooeesj! Een grote koude ademwolk verschijnt boven het Tovertuinklasje. 'Wil jij boven eens even vragen waar de sneeuw blijft, Wolkje? We zijn allemaal aan het wachten, toch jongens?'

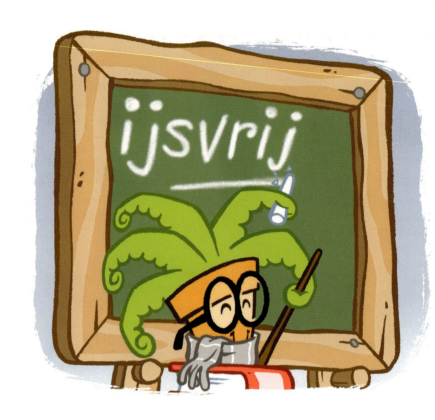

Het ijswolkje vliegt omhoog. De Wijze Varen kijkt het tevreden na. 'Trouwens, ik ben bij de vijver geweest en die is helemaal bevroren. Dus jullie hebben van-daag allemaal... ijsvrij!' zegt de Wijze Varen vrolijk.

Woezel en Pip rennen naar de bevroren vijver. Pip springt er meteen op en glijdt weg. 'Woei! Kijk, Woezel!' Maar Woezel kijkt niet. Hij stapt aarzelend het glimmende ijs op. Hij bibbert, trilt en... glijdt uit!

Boem! Woezel ligt languit op het ijs. 'Gaat het?'
vraagt Pip. 'Ja, het gaat wel, hoor,' stamelt Woezel.
'Best glad dat ijs...' Pip lacht. 'Kijk Woezel, zo kan het
ook!' Ze draait rondjes zonder te vallen. 'Joepie!'

Woezel krabbelt overeind. Een dikke sneeuwvlok valt zachtjes op zijn grote neus. 'Maar... dat is sneeuw! Pip, het sneeuwt!' Uit de hemel vallen grote sneeuwvlokken. 'Snel, we gaan het aan iedereen vertellen!'

Al snel is de hele Tovertuin wit en houden alle
vriendjes een sneeuwballengevecht. Woezel en Buurpoes tegen Pip en Molletje. Gooien maar! Pip duikt
voor Woezels super-sneeuwbal. 'Haha, mis!' gilt ze.

De sneeuwbal zoeft door de lucht. Pats! 'O Woezel, je hebt die meneer geraakt,' fluistert Pip. Hij heeft een bult op zijn hoofd! Verlegen lopen de vriendjes naar de meneer, maar wat is dat? Het is een sneeuwpop!

'Gelukkig deed het geen pijn,' zegt Woezel opgelucht.
'Al kijkt hij wel wat sip.' Pip loopt rond de sneeuw-
pop. 'Laten we een sneeuwhondje voor hem maken.
Dat vindt hij vast heel gezellig.'

Alle vriendjes helpen mee en al snel is er een
prachtig sneeuwhondje. 'Zullen we hem Pluisje
noemen?' vraagt Buurpoes. Dat vindt iedereen een
goed idee. Zo heeft de sneeuwpop ook een vriendje!

Dag Pluisje. Dag sneeuwpop. De vriendjes rennen
naar huis. 'Dankuwel voor de sneeuw, Wijze Varen,'
roept iedereen blij. 'Graag gedaan, lieve kinderen.'
De Wijze Varen kijkt tevreden naar het witte land.

'En bij een echte winter hoort natuurlijk warme chocolademelk met slagroom,' zegt Tante Perenboom. 'Wie wil?' Woezel lacht naar Pip. 'Nu is het écht winter in de Tovertuin!'